すべてに感謝！

やってよかったPTA

はじめに

「やってよかったＰＴＡ」発刊に際し、一言ご挨拶申し上げます。

子どもの就学とともに、保護者はＰＴＡを通して地域にデビューしていきます。子どもたちが安心して学ぶ環境を支えていくには学校教育だけではなく、家庭や地域がもつそれぞれの教育機能を結集し、社会総がかりで取り組むことが不可欠です。特に近年の変化は急速で、変化から目をそらすことなく、健全育成の責任を全うする必要があります。社会教育の担い手である私たちＰＴＡは、特に家庭教育の実践と充実を図り、学校教育とともに子どもたちの健全な育成を目指さなければなりません。家庭・学校・地域が持つ役割と責任を考えますと、それぞれが単独で育成していくことの難しさを痛感致します。責任を分かち合い、その役割に応じて子どもたちを取り巻く教育環境を整える取り組みは

ＰＴＡ活動の最優先とすべきです。また人まかせ、先生まかせではなく当事者意識を持たなければなりません。近年、保護者は多種多様な職業に従事し、就業の環境が様々です。旧来の活動のままでは立ちいかない現状があれば、思い切って改善するなど善処することが重要です。

全国で活躍される多くのＰＴＡ会員の皆様の活動に対する声は、大変だったけど「楽しい」「やってよかった」が大半です。大変なことに向かう後ろ姿を子どもたちは見ています。またＰＴＡ活動は大人の学びとして、成人教育につながり、豊かな人間性を育み、その結果、子どもたちの健全育成につながります。本書は、好事例を集め、多くのＰＴＡ会員の皆様の活動の一助になるべく発刊致しました。本書を手にとられた皆様の活動につながりますことを心より願っております。

公益社団法人日本ＰＴＡ全国協議会
会長　東川　勝哉

目次

やってよかったPTA

第1節

やって良かったPTA役員・PTA活動

北海道 ― 男性
高橋　一徳

まずは日本PTA創立七十周年おめでとうございます。

昨今、子ども達の痛ましい事件・事故がニュースで取り上げられ、心の痛むことが多いように感じられ、親として何かできることはなかったのかと考えます。

さて、私は小学校・中学校でPTA役員として、約八年間PTAへの協力をしてまいりましたが、娘は今年二十三才になりますので、かれこれ八～十五年前のことです。また高校でもPTAを三年間やりましたので、ずっと学校とかかわってきたのかな、と思います。

1 なぜPTAの役員を引き受けたくないのか…

普通の父母の皆さんなら、「私には荷が重い…、時間が取れない・時間が無いから…、仕事が忙しいから…、とにかく引き受けられない！」なんて断る理由を考えながら学級懇談会などに参加し、または先生や役員さんからのお誘い（依頼）を断ることが多いのではないでしょうか？

でも本音は…「そんなめんどくさいことなんてしたくない！　時間が取られるのは嫌だ！　学校は子どもだけ面倒を見てくれればよい！」なんて考えているのが現状ではないでしょうか（間違っていたらゴメンナサイ（笑））。

2 なぜＰＴＡの役員を引き受けたのか…

私はと言うと…家庭の事情で離婚をし娘とは離れ離れでしたので学校とは無縁・無関係でしたが、小学一年の後期から面倒を見ることとなり、娘は転校して近くの小学校に編入しました。それから父子家庭が始まりました。

ここである問題が…実は娘は学校が嫌いで、自分で学校に行けなかったのです。なので私は毎日小学校に娘を送り届け、幼稚園児のように嫌がる娘を先生に預け（嫌がっていたのは小三ぐらいまで）、帰りは迎えに行くという生活が卒業まで続きました。支援学級にでも入れてもらおうかと思う程でしたが、普通学級のまま在籍させていただきました。本当に先生方には大変お世話になったと思っております（ありがとうございました）。

そんなこともあり、父子家庭ではありますが、娘のことが心配だったので、学校での様子や先生とのコミュニケーションが取れる機会と考え、クラスの役員を引き受け、その後ＰＴＡの役員も引き受けました。

3 ＰＴＡ役員のメリットは…

ＰＴＡの役員やＰＴＡの活動は、学校との関係を身近にすると同時に、同じ学年や他の学年の父母とも仲良くなれ、学校や家庭での心配事の話や相談ができるのが一番のメリットだったと思います。また、学校で起きている問題などが直ぐに入ってきますので、どのような対処をした方が良いのか意見を述べる機会にもなりました。

建前は「子どもたちのために！」ＰＴＡ役員や委員になりましょう♪とは言いますが、自分の子どもを学校任せにするのではなく、自分から学校にかかわっていくことが、自分の子どもを守ることになると思います。

ＰＴＡ活動は時間と労力が少々取られますが、それなりに大変楽しかったです。楽しみながら皆さんと接したのが良かったのかな⁉

最後に、積極的にＰＴＡ活動に参加してほしいと思います。ＰＴＡのための活動ではなく、自分の子ども・全ての子どもたちのためになるＰＴＡ活動ですから。

やって良かったＰＴＡ、皆さんも参加してみませんか？　ありがとうございました。

第2節

私とPTAと「おやじの会」

札幌市 男性
47歳 深谷 正史

1 「おやじの会」発足と入会

私が本格的にPTAに携わるようになったのは、今から十年ほど前のことで、長男が小学校二年生のときでした。長男が小学校に入学した年は、ちょうどPTAサークルとして「おやじの会」が発足し、活動を開始する年と重なっていました。入学前、長男が通っていた保育園には、行事のたびに顔を出していたのですが、お父さん方の姿が少なく、少し寂しさを感じていました。それでも、よく顔を会わせる何人かのお父さんとは仲もよくなり、一緒に行事の準備をし、参加することはとても楽しいものでした。

そんな私に、長男の入学と同時にPTAサークル「おやじの会」への入会案内が届いたわけです。おやじの会というものが存在していることすら知らなかった私ですが、入会案内を見て「この会は自分のためにある会だ！」と興奮しながら、さっそく入会申込書に名前を書き入れました。

2　まさかの「おやじの会」そして「ＰＴＡ会長」就任

活動開始の初年度でしたが、運動会やＰＴＡバザーのお手伝い、パトロールなど思っていた以上に活動も充実しており、その当時おやじの会のメンバーとして参加していた十数名の方々ともすぐに打ち解け、心の底から「楽しい！」と思える会の活動でした。

それから一年ほどたった年度末に、居酒屋で行われた「おやじの会」の恒例の会議で、おやじの会代表でありＰＴＡ会長だった先輩から、会長を引き継いでくれないかという話がありました。

まさか自分に会長を引き受けてほしいなんて話があるとは想像もしておらず、また自分にできるかどうかの不安も大きかったのですが、おやじの会の仲間たちからの後押しもあり、ＰＴＡ会長と、さらにはおやじの会代表もさせていただくことになりました。

　そんな経過もあり、私のＰＴＡ活動には、常に車の両輪のようにおやじの会の活動もありました。その一つに、ＰＴＡとおやじの会が協力して冬に行っている「スノーアタックランド!!」があります。このイベントは、何か子どもたちと一緒にできることをやりたいという想いから始まり、どうせなら寒くて雪の多い札幌だからこそできることをやろうじゃないかと考えて始めました。

　札幌では、冬になると、多くの小学校がグラウンドに大きな雪山を作り、スキー学習を行いますが、スキー学習が終われば雪山は使わなくなります。そこで、おやじの会で重機を入れて、かなり大掛かりな雪山の加工を行い「タイヤチューブ滑りをして遊ぼう！」をメインとして、「そり引きレース」や「雪上段ボールキャタピラ競争」、「雪玉の的あて」など、雪上ならではの競技や遊びを行うイベントを実施しました。

当日は、雪山で遊んだあとに、ＰＴＡのお母さん方が作ってくれた温かいココアを皆でいただきます。たくさんの先生方の協力もあって、毎年実施し、十回を数えました。

3 広がった活動の輪

ＰＴＡもおやじの会も年数を重ねていくにつれ、かかわる人たちが単位ＰＴＡから、区に広がり、さらには全市に広がっていきました。十年たった今、こうして振り返ってみると、これまでＰＴＡ活動やおやじの会を通して経験することができたこと、いろいろな人と知り合い、かかわり合うことができたことは、本当に私にとってはなくてはならないものになっていると感じています。

特に「子育て」という共通の時間を過ごしてきた、素敵で魅力的な「仲間」と沢山知り合い、かかわり合えたことは、私にとって一生の財産になるに違いないと感じています。

第3節

「PTA役員を経験して」

秋田県　女性
宮里　華織

PTA創立七十周年、誠におめでとうございます。また、本書籍発行に伴い尽力いただいた皆様に心より感謝申し上げます。

1 PTA活動を通してできた交流

私は今年度小学校で文化研修部部長を務めております。主な活動の一つにベルマーク集計・発送作業があります。普段あまり交流できないほかの保護者の方々とクラスのことや子どものこと、勉強や遊びのことなどを話しながらとても楽しくベルマークの集計作業ができた経験が、PTA活動に足を踏み入れるきっかけになりました。

毎日送迎していた幼稚園のころとは違い、小学校は足を運ぶ機会もほかの保護者と交流する機会もほとんどないため、なかなか学校の様子もわかりづらく敷居が高く感じられていました。しかし、部長になり学校に足を運ぶ機会が増えるにつれ、遠い存在に感じられていた先生方ともお話する機会が増え、子どもたちの様子も把握しやすくなりました。

小学校では昨今珍しくＰＴＡ主催の歓送迎会があります。歓送迎会は普段お話する機会がない学校の先生だけでなく、得意分野を直接授業で教えてくださるふるさと先生（さまざまな特技を持つ地域の方）と出会える貴重な場となっています。視野が狭くなりがちな普段の生活では出会うことのない方と知り合い貴重なお話を聞くことができたり、文化研修部主催の研修会の題材を提案していただいたり、人の輪が広がる楽しさを感じています。

部長になったときは右も左もわからず、きちんと活動内容や役割を理解しないうちに部長を引き受けたことに申し訳ない気持ちでしたが、

「決して家庭を犠牲にしないように、無理せず協力しながらできることをできる人がやろう。」

と先輩方に声をかけていただき、とても楽になりました。それからは、気負わず

にボランティアの気持ちでできる範囲でやろうと心に余裕をもつようになりました。

前副会長をはじめとする役員の皆様が積極的にかかわってくださったおかげで、あっという間に一年が過ぎ、気が付くと引き続き部長を引き受けていました。

2 PTA活動がもたらした私と子どもへの変化

役員を経験したことで、私自身も何か依頼されたとき「とりあえずやってみよう」と前向きにとらえるようになりました。以前の私ならきちんとできなければ申し訳ないとお断りしていたことも、いい意味で深刻に受け取らずに肩の力を抜けるようになりました。それが子どもにも伝わったのでしょうか。恥ずかしがり屋で引っ込み思案だった子どもが人前で発表したり、自ら積極的に活動したりするようになりました。母親が人前で話している姿を目にするようになり、「自分にもできるかも、やってみよう。」と思うようになったようです。思いがけない嬉しい影響でした。

また、子育てで一度仕事から離れていた私にとって、PTA活動を通して人前で話したり計画的に活動したりしたことが、仕事復帰への自信にもつながりました。

共働きの家庭が増えてきた今、皆で時間を調整しながらできることを分担し、協力して初めてＰＴＡ活動が成り立っています。私もたくさん協力していただき、助けられながら活動を進めている状態ですが、これからも自分らしく無理せず楽しみながらＰＴＡ活動にかかわっていきたいと思います。

第4節 将来の密かな楽しみ

宮城県 女性 51歳
村上 裕子

1 先生たちと築けた良い関係

私が単位PTAの事務次長を務めていたのは、今から十年前になり、二年間この役をさせていただきました。その後会長になるのですが、この二年の経験が学校を身近に感じることとなる第一歩であったことは間違いありません。私の子どもが通う小学校は学年二クラスの中規模の小学校で、子ども一人につき、六年間で最低一回の役員を引き受ける暗黙のルールがあり、三人の子どもを持つ私は最低三回はやろうと思っていましたが、一度引き受けると面白さに引き込まれ、十五年間の約半分となる七年で専門委員、学年委員、本部役員のほぼすべてを経験しました。いろいろな委員を引き受けて困ったことはほとんどなく、先輩たちが活動しやすいシステムを作り、しっかり引き継ぎをしていたため、毎年の手順に倣って、ときにはアレンジしながら活動していました。保護者主体で活動することが根付いているため、教頭先生が変わるたびに、「この学校のお母さんたちはすごいね。私はこんなに楽させてもらったことはない。」とお褒めの言葉をいただいたり、教頭先生に依頼することは最小限だったので、逆に何か先生たちへの伝達や周知をお願いすると、このくらいはお安い御用と言わんばかりに笑顔で引き受けてくださる良い関係が築けていました。

2 上手く機能したシステム

上手くいっていたシステムを紹介すると、会長の下には二名の副会長がおり、その二名は主に本部役員会の企画、運営を担当します。会長と事前の話し合いを持ち、次の運営委員会に向けて、議題項目の内容確認をします。ここでは学校からは、主に教頭先生にも出席していただき、学校との意見のすり合わせがなされます。次に行われるのが運営委員会。学年委員と専門委員会の正副委員長総勢三十五名程を招集し、活動報告や予定を知らせてもらい、学校行事へのお手伝いなどへの参加協力を求める場にもなっています。私の役、事務次長はその運営委員会の次第作成、案内のお便り作成、印刷、配布、出欠確認、当日の司会進行、終了後のPTAだよりに載せる報告の内容確認、と仕事の多さではほかの役員とは比べ物にならない本部の歯車的な役どころでした。そのため職員室に隣接された印刷室には毎週のように通い、そのたびに職員室の先生方と話をするのでした。今学校で活動しているPTA活動をよく把握できたので、職員室の先生方には印刷ついでに感想を聞いたり、アドバイスをいただいたり、自分の子どもの学年以外の先生方と仲良くできるチャンスでした。何年も役員を続けるうちに部活動にも似た充実感さえ感じるようになっていました。PTA活動は楽しんで自分たちのためにやるのが大切です。やらされている気持ちでは決して楽しい気持ちにはならず、次に引き継ぐことができないと思いました。

3 PTA活動の楽しさを伝えていきたい

私たち保護者が何度も学校に出向いて、お便りを作成したり、会議を遅くまで残ってしていると、自然と先生方にも顔を覚えていただき、「いつもご苦労様。」

と声を掛けていただいたり、どんな先生なのかを知るきっかけにもなります。コミュニケーション不足が問題視されている世の中ですが、人と人とのかかわりをもつ大切さやすばらしさを伝えていく身近なお手本として大いに役立つのではないでしょうか。自分の親が役員をし学校に来てくれていたことを、いつか大人になったとき思い出して、「あのとき楽しそうだったから自分もやってみよう。」と思ってくれたら、良い子育てができたと振り返ることができるのではないでしょうか。そんな将来を夢見ながら、後輩たちにPTA活動の面白さを伝えていきたいと日々思っています。

第5節 学年委員として活動し私が得たもの

東京都　女性
40代　増田　典子

私には、十九歳になったばかりの三人の子どもたちがいます。今春、三人は各々の夢に向って、無事に大学に進学しました。少しだけ肩の荷が下りたような気がしました。親として、ＰＴＡ活動も一段落したからでしょうか。幼稚園から小中高と十四年間、初めてＰＴＡにかかわってから、悔いが残らないように、学校行事を子どもたちと一緒に楽しんできた気がします。

1 私が学年委員を引き受けた理由

私は、いつも学年委員を引き受けていました。一番近くで、子どもたちとかかわることができると思ったからです。他の委員はすぐに決まるのに、なぜか学年委員はなかなか決まりません。他の保護者の方が敬遠しがちな学年委員だったのですが、私にはとても楽しい活動だったのです。子どもたちの通っていた小学校は、一クラス三十人弱の学年二クラスでした。在学中に一回はＰＴＡ役員をお願いされるのですが、六年間の内に二回はやることになるのです。私は小学校一年で引き受けてから六年間やるつもりでした。

私が学年委員を引き受けて最初にしたことは、委員の仕事を覚えることではなく、学年の児童の顔と名前を覚えることでした。当然ですが、保護者の名前も覚えることができました。学校で会ったとき、公園などで見かけたとき、町で子どもたちだけで歩いているときなどに、「○○君…」などと話しかけることができるのです。

私も「典子さん…」と名前で呼ばれ、話しかけられるようになりました。今でも、近所で会うと、私も話しかけますが、「典子さん、久しぶり。今ね…」と話しかけてくれる子どもたちがいることをとても嬉しく思っています。

2　私が心がけていたこと、そして得たもの

学年委員会の役職に、各学年の委員長と六学年全体の委員長があり、どちらも

経験させていただきましたが、私がベースとして心がけてきたのは、一緒に学年委員をやった仲間が、「学年委員って、大変なこともあるけど、楽しかったな」と思ってもらえることでした。学年レクの企画、準備、実施をしていくなかで、一番は子どもたちのため、次に仕事を休んで参加して下さる保護者のためなのですが、まずは、学年委員の仲間たちが、楽しまなければ、委員なんて、やっていられません。

ＰＴＡ活動を通して、一緒に活動してきた保護者の皆さま、先生方、地域の方々との出会いは、今の私にとっては宝物です。そしてＰＴＡ活動をしてきた私の姿を、身をもって子どもたちに示せたことが、きっと次につながっていくのではと思っています。

ＰＴＡ活動を発端として学校とかかわってきたからでしょうか、三人の子どもたちが卒業した小学校から声をかけていただき、現在、私は、特別支援教育補助員として働いています。

今なお、子どもたちとのかかわりや保護者の方とのかかわり方など、正解があるようで無いものを学べているのは、ＰＴＡの一役員として過ごしたおかげだと思っています。

親になって十九年。子どもの成長は、私にとって親になるための成長でした。成長していくなかにＰＴＡ活動がありました。

3 今まさにＰＴＡの中心で動いている皆様へ

子どもを学校に任せるのではなく、一緒にかかわっていきましょう。子育ての悩みを抱えているのは、皆同じです。子育てに正解はないので、先輩保護者に相談して、自分なりの答えを一緒に見出していきましょう。

今を子どもたちと一緒に楽しみましょう。私は子どもが三人いても、小学校の入学式は一回、一年生の運動会は一回と、全てが最初で最後の行事と考え、一つ一つ全力で楽しみました。あのときはああしていればと思うくらいなら、とりあえずやってみましょう。ＰＴＡ活動は目立ったことは少なく、なかなか表舞台には立てませんが、親がＰＴＡ活動をしている姿は、子どもの心に残っています。

第6節

子育てが楽になる‼　ＰＴＡ活動

岐阜県　女性
46歳

1　仲間から得られた学校の情報

私は、子どもが小学校に入学して二年目でＰＴＡの学級委員になりました。入学したばかりの低学年のころは、全て教えてもらえていた幼稚園のころと全く違い、学校で必要なもの、子どもがどのように過ごしているのか、詳しい様子など、小学校生活はわからないことが多く、不安になったり心配ばかりしていたように思います。そんなときにＰＴＡ学級委員になったので、自分が学級委員としてうまくできるか、大変じゃないのかと不安でいっぱいでした。ですが、それは全くのいらぬ心配でした。ＰＴＡ活動は私にとって〝子育てが楽になる〟と実感する経験となったからです。

私の所属した委員会では、一～六年生の保護者がいて、打合せなど会を重ねるごとに、委員会以外のことも色々と話すようになりました。そこで、学校生活の様子や学校で必要なもの、おすすめ文房具から先生の様子まで、今まで全く知らなかった様々なことを教えてもらうことができました。様々な学年の保護者がいることで、次の学年に進んだら必要なことは何か、高学年になったら子どもの様子はどうなるのか、など育児書を読むよりもリアルな子どもの様子がわかりました。さらに、中学生にもお子さんがいる方からは、私にとっては全く未知の世界になる中学生の様子も教えてもらうことができ、びっくりしたり、感心したり…。自分の子どもの中学生像は全く想像できていませんでしたし、目の前の子どものことしか見えていなかった子育てに少し先の見通しがつくようになったのは大きなことでした。

2　いろいろな意見や考え方に触れて

ＰＴＡ活動は、自分と同じ意見をもつ人ばかりではありません。今まで、様々な意見、自分や自分の子どもとは違う立場の人の考えは、なかなか聞くことができなかったので、そういう考えもあるのかと気付くことも多く、自分の視野が広がりました。他の方の考えで賛同するところは取り入れ、自分の信念も振り返ることができ、結果として子育てをするうえで寛容になったように思いますし、悩むことが減り、いつの間にか子育てが楽になっていることに気付いたのです。これは、ＰＴＡ活動をしたおかげだと思います。

3 多くの人の協力で

ＰＴＡ活動を通して気付いたことのひとつに、ＰＴＡを含む地域の方の協力のうえに子どもたちの安全や安心が成り立っていることがあります。それまで私は、毎日安全に学校へ通学するのは当然のことだと思っていましたが、登校の際、交通指導員の方、旗当番やパトロールをしてくださる方がいて、子どもの安全のために多くの方の協力があることを知りました。自分や子どもたちは、この地域で知らない間に見守られて生活していたことに気付き、大変感謝しています。

ＰＴＡ活動を通して、今までは知らなかった多くの保護者の方と話ができるようになり、学校行事でそのお子さんの顔もわかるようになりました。そうすると、道ですれ違ったり、公園で見かけたりするときに会釈をしたり、あいさつを交わすことも増えていきました。そのときに気付いたのは、いつのまにか私も地域の一員として、子どもを見守る立場となっているのではないか、ということでした。ＰＴＡ活動を通じて、見守って下さる方を知ることができ、自分も自然に地域の子どもたちを見守る立場になっているかも…。ＰＴＡ活動をしていなかったころの私よりも、少しは人の役に立っているのではないかと思い、嬉しい気持ちになりました。ＰＴＡ活動を通して、みんなで子どもたちを見守っていくのは、大人の自覚として大切なことだと思います。少し大げさですが、一人一人の小さな自覚が未来のある子どもたちの将来を明るくしていくことにもつながるように思います。

私は子どもが二人いて、一年ずつ学級委員をしました。そのことで多くの学びがあり、本当に子育てが楽に、楽しくなりましたし、感謝をすることも増えました。私のように、ＰＴＡ活動の場を活用し多くの方に子育てが楽になってほしいと願っています。

第7節 PTAって何するの？

香川県―男性
唐川　忠

1 会長を引き受けたものの…

私が初めてPTA役員を務めた小学校は、徳島市中心部から車で三十分ほどの地区にある全校児童一五〇人程度の小学校です。私自身が全校児童一五〇〇人を超すマンモス校の出身であり、学年を超えたつながりは少ない状況でした。この小学校では、学年を超えたつながりのあるアットホームな環境で、子どもはもちろんですが、保護者や地域が一体となった素晴らしい学校、地域です。PTA役員は、六年生の保護者から選出することになっています。私は、長女が六年生になった三年前に初めてPTAにかかわることになりました。二月に新役員を選出するため新六年生の保護者が集まり話し合いを進めますが、役員を引き受ける人はおらず、重苦しい空気が漂います。私自身は役員をする人は決まっているだろう、自分には無関係だろうと思い出席していました。誰もいない場合は「くじ引き」となります。少人数なので、当たる確率は非常に高い状況です。くじで当たるくらいだったら、自分からやってやろうと思い、「ＰＴＡ会長」の大役を引き受けてしまいました。これまで、小学校に行くのは授業参観や運動会など年数回で、ＰＴＡがどんな活動をしているのかも知らない自分が会長なんてできるのだろうかと不安を感じながらの日々でした。

2　ＰＴＡ活動をしてよかった三つのこと

四月のＰＴＡ総会で役員選出の承認を受け「ＰＴＡ会長」としての活動が始まりました。学校や町Ｐ連、地域の健全育成など様々な行事、会合への出席依頼があり、最初は右も左も何もわからず、戸惑いや本業の仕事が忙しい時期もあり、正直、役員を引き受けたことを後悔したこともありましたが、仲間の役員やＰＴＡ会員、先生方の支援や協力そして職場の上司や先輩、後輩からもＰＴＡ活動に取り組むことに理解をいただくことができ、ＰＴＡ会長としての役割と職場での役割をなんとかこなす日々でした。

こんな感じで始めたＰＴＡ活動でしたが、小学校で二年間、そして、今年は中学校のＰＴＡ会長を務めさせていただいています。

私がＰＴＡ役員となってよかった思っていることが三つあります。

一つ目は、学校のことがよくわかり、娘との会話が増えたことです。役員になるまで学校に行く機会は運動会や授業参観など年に数回で個人懇談は家内にまかせていたので、先生と話す機会はほとんどありませんでした。それが、役員になると役員会などで先生方、特に校長先生や教頭先生と話す機会が多くなり、学校での出来事などを話し合うことが増え、会合の前には娘に学校の様子などを聞くことが常で、次第に娘から変わったことがあったら教えてくれるようになりました。親子の会話が増え、学校の様子や先生方がいかに頑張ってくれているのかよくわかりました。

二つ目は、地域の方々や他校のＰＴＡ役員、多くの保護者の方と知り合うことができたことです。私はこの地区の出身でなく、知り合いはほとんどいませんでした。役員になり地域の会合にも出席する機会をいただき、いろいろな方と知り合うことができました。そして、地域の方々が見守り活動や様々な行事を通して子どもたちのために取り組んでいただいていることがよくわかり、地区の素晴らしさを再認識することができました。また、町内の他校のＰＴＡ役員とも知り合うことでき、そして、役員会や様々な学校行事などを通して多くの保護者の方とも知り合え、楽しいＰＴＡ活動ができています。

三つ目は、新たな学びとなることです。大人になると仕事関係以外のことを学んだり、人と知り合う機会も少なくなります。しかし、ＰＴＡ会長となり役員会を運営したり、研修会などを通していろいろなことを勉強することができます。また、人脈を広げることができます。

これらが、何かの役に立つことがあるか分かりませんが、子どものため、学校や地域のため、そして自分のために、これからも機会がある限りＰＴＡ活動にかかわっていきたいと思っています。

第8節

地域とのつながり「知り合いが増えた」

大分県─男性
45歳
坂本　晃彦

1　PTAとのかかわり

私は、結婚後故郷を離れ、妻の実家近くに移住しました。子どもにも恵まれ、三人の子どもたちを授かりました。子どもは、すべて女の子で妻との五人暮らしです。近所付き合いはありましたが、仕事以外の同年代、同性との付き合いには広がらなかったのが事実です。娘たちの通う小学校は、全校で一〇〇名程度の小学校です。登下校の見守り、授業参観、運動会には参加していました。そんなとき、親父の会の設立があり、入会をすすめられました。この親父の会がＰＴＡとの出会い、スタートとなりました。

2　親父の会

親父の会は二十名からスタートしました。学校や通学路の草刈り、遊具のペンキ塗りなど、学校の整備が主でした。今では、体験活動の参加をはじめ、学校整備の主導を握るまでに大きくなりました。懇親会が日を追うごとに盛り上がり、楽しい時間を過ごしたことを今でも覚えています。このメンバーとの出会いが、今の支えであり、きずなとなっていると感じています。

昨年で子どもたち全員が卒業しましたが、親父の会には卒業がなく、今では、県内をはじめ九州全体での事例発表や研修会に参加し、大人として、子どもたちに何かしてやれないかと思いながら活動しています。

3　子どもから子どもたちへ

ＰＴＡにかかわり、当初は、自分の時間を使い活動するのは正直「つらい」と思いながらやっていたのは事実です。学校に行くことも増えていくなか、どうしてもわが子が少しでも良い環境で学べたらという思いで活動していたような気がします。それが学校に行く都度、子どもたちから「今日はどうしたん？」と声をかけられるようになり、だんだんと子どもたちの様子が気にかかるようになりました。この子どもたちの成長を願うようになったと思います。先生たちの一生懸命やっている姿にも頭がさがりました。そんな子どもたちには、可能性、頑張る姿にいくつもの感動をいただきました。

4 ＰＴＡ役員・活動

親父の会で活動しつつ、ＰＴＡの役員もスタートしました。年を重ねるごとにいろいろな役をしました。地域の様々な委員会にも出席しました。入学式、運動会、文化祭、卒業式などの学校事業、研修会、プール清掃、学校整備などのＰＴＡ活動にできる限り参加し、地域の皆さんとの交流もありました。今、考えるとあっという間に八年の年月が経過していました。娘が卒業した九年目の現在は、毎朝、交通指導員として、横断歩道で登校のサポートをしています。

5 家族のきずな

ＰＴＡの役員になって、家庭で学校の話を聞き、話すようになりました。また、子どもたちが信頼してくれるような父親に成長できたと思いますし、子どもたちも父さんが役員だから「がんばらんと」という気持ちになってくれていたと思います。

6　地域とのつながり・仲間との絆

「子どもたちを育む」という目標をもつ仲間の存在。九年間の活動のなかで行政・地域社会がどれだけの予算と人を動かして子どもたちを育成しているかが判りました。そして、いろんな研修に参加し、多くのことを学ぶことができ、自分自身の勉強・成長になりました。今後は、これからの活動に生かしていただくためにいろいろな情報を流していこうと思います。

九年間の活動で、多くの仲間との絆ができました。先生たちとの信頼もできたと思います。また、地域の皆さんとの連携もできました。ＰＴＡにかかわらなければ、今の自分はなかったと思います。支えてくれた仲間たちに本当に「ありがとう」って言いたいと思います。

第9節

小さな島でのPTA活動

沖縄県　男性
42歳　古波蔵　善之介

沖縄県那覇市から西へ約三十五キロ、フェリーで約七十分の場所にあるのが私の暮らす島「渡嘉敷島」です。人口は七百人弱の島の中にはA小中学校、B小学校と二校の学校があります。その二校のPTA活動を通して島ならではのPTA活動、また活動の難しさ、楽しさなど、これまで経験し感じたことをご紹介したいと思います。

1　二つの小学校のPTA活動を通して

上の子が小学校四年生にあがるころ、今まで通っていた小学校には同級生がいなくなり、また、前後の学年にも児童がいないということがあり、校区外の小学校に転校することを、村の教育委員会に要望することになりました。その小学校には幼稚園からの同級生が二名在学していましたので「息子のためにも」という思いからでした。協議の結果、校区外の小学校への編入が認められましたが、新一年生で入学する弟の編入は認められず、この年から島でも異例な二つの小学校のＰＴＡ活動が始まりました。もちろん運動会などの学校行事に伴う活動も倍になり夫婦で協力してＰＴＡ活動に参加していきました。

新しく参加するＢ小学校のＰＴＡ活動は正直大変でしたが、これまであいさつ程度しかかかわらなかった、県外出身者の保護者の方々や島外出身者の保護者の方々とも、子育てについてお話をする機会ができました。この学校の伝統の事業である、一年生から六年生まで約一キロの距離を泳ぐ「ハナレ島遠泳大会」にも息子の伴泳として参加することができ一緒に泳ぐことで息子の頑張っている姿を肌で感じることができました。また、この島でしかできないＰＴＡ主催の「ホエールウォッチング」では、大きなクジラを目の前の海で、間近に見ることができて、そのときの子どもたちの笑顔が忘れられません。どの事業も学校の教職員を始め、保護者、地域の方々の協力で成り立っているということを再確認する三年間になりました。

2 ＰＴＡの役員を引き受ける事になり

息子が中学に上がり、子どもたち三人が通うＡ小中学校のＰＴＡ役員を引き受けることになりました。生徒数が減少している「島」の中学校では島外からの「島体験留学生」を募集し、今年度も八名の児童生徒が里親の元から通学しています。そのおかげで学校運営も教職員の人数も維持でき子どもたちの学校生活も、これまで同様にすごせています。ただ、ＰＴＡ活動に対して、子どもたちの人数と保護者の人数の比率が合わずＰＴＡ事業も縮小傾向にあります。さらに小中学校ということで、これまでの活動も一緒に行われていたこともあり、役員一人一人の負担も大きくなっていたことも事業の減少の一つの要因になったのではないかと思います。そこで今年度より、ＰＴＡ役員も小学校の保護者、中学校の保護者、留学生の里親、教職員とバランスを考えて選任していただきました。その結果、小学生のための事業、中学生のための事業と分けて考えることができ、これまで携われなかった幼稚園の園児のための事柄にも役員会で議題に挙げることができました。学校に足を運ぶ機会もますます増え、先生方とお話する機会も多くなり、学校がこれまで以上に身近に感じます。

　そんななか、保護者の方々や漁協組合の方々にボランティアで船を出していただきＰＴＡ主催の中学生「第一回沖釣り体験」を実施しました。「島内に住んでいて初めて船で魚釣りをすることができました」という感謝の言葉や、「船酔いをしたけど楽しかった」との感想ももらい、釣果もまずまずで初めての事業でしたが大成功に終えることができました。「やってよかった！」と素直に感じました。

　今後は、Ｂ小学校で行われていた「ホエールウォッチング」の事業をＡ小学校でも行いたいと話し合っています。子どもたちに「クジラ」を見せたい、またぜひ子どもたちの笑顔が見たい。今後、島にある二つの学校の二つのＰＴＡ団体が協力していくことが「渡嘉敷島」では必要なのだと強く思います。

　最後に今年度で役員の任期は終わりますが、四人の子どもたちが卒業するまでＰＴＡ会員ですので、これからも子どもたちと一緒にたくさんのことに挑戦していきたいと思います。

第10節 十年分をひと語りで

福島県 男性
46歳 梅津 司

1 何でもやりますよ

はやいもので、ＰＴＡに携わって十年近くの歳月が経ちます。私がＰＴＡの役員を引き受けたのは上の子が小学二年生になった春からでした。役員の選抜には各地の慣習があろうと思いますが、私たちの小学校では育成会単位でＰＴＡの本部役員を選ぶ定めでした。欠席裁判を避けるため、出席率はほぼ一〇〇パーセント。各々が権謀術数の限りを尽くし、毎年様々なドラマが繰り広げられる次年度役員の選考会。「誰か引き受けてくれる人はいませんか」と会長。みな下を向いて嵐が過ぎるのを待つ構えです。その沈黙に耐えられず、初めて選考会に出席した私が口にした「何でもやりますよ」という一言がその後の運命を大きく変えることなど、神ならぬわが身には知る由もなかったのでした。

2 忘れ得ぬ体験、東日本大震災

そのまま小学校ＰＴＡの会計、副会長を経て会長を務め、三年目を迎えようという平成二十三（二〇一一）年三月に起きたのが東日本大震災でした。福島の被災状況は皆さんご承知と思いますが、地震、津波のみならず、未曾有の原子力災害にも見舞われました。福島市は風向きと地形の関係から平常値を大幅に上回る環境放射線量を記録し、健康への影響が懸念され、農産物をはじめ様々な面での風評が飛び交いました。何ベクレルやら何シーベルトやら、誰も明確な基準をもてずに右往左往しているときに、いちはやく市のＰＴＡ連合会で会長向けの講習会が行われ、悩みを共にするメンバーで放射線に対する基礎的な知識を得ることができました。長期化するであろう原子力災害からの復興に向け、亜急性期に的確な対応を行ったことが思い起こされます。その後は保護者とともに通学路の除染作業などの取組を行いましたが、感覚的には愛すべきふるさとが土地ごと人ごと汚染されてしまったというのが正直な実感で、震災当時の夏くらいまでは、ふるさとに対する自信がもてず、心の霧が晴れませんでした。

3 水俣との交流事業

震災時にまっさきに福島の現状を憂いてくれたのが、当時の水俣市の宮本市長でした。水俣病の苦難を乗り越え、環境都市として再生した水俣の教訓は必ずや福島の復興の助けになる、という市長の想いにすがるような形で福島・水俣の交流事業がはじまりました。まず福島の中学生が水俣を訪問、次の年は水俣の中学生が福島を訪れるという相互往来を行い、体験と熟議により互いの土地を理解し、相手を鏡として自らの課題と可能性を探ることができました。そして、学びをその場限りとせず、生徒が各々のアクションプログラムを定めることで将来にわたって取り組む目標を決め、報告会や記念誌を通して広く自分たちの想いを伝えました。

この事業には一回目はお手伝いとして、その後は実行委員としてかかわりました。はじめは自信が無さげだった福島の生徒がふるさとの魅力に気付き、最後の発表では自分たちが主体となって行動できる内容を堂々と述べる姿を見ると、交流を通した子どもたちの成長に感銘を受けました。交流事業は大阪からもお呼びがかかり、わが中学校の生徒会が門真市において同様の事業に参加しお世話になりました。

　これら事業を通し、福島に育つ親子が、自らが住む土地に自信をもつ過程にかかわれたこと、そして熊本の震災に際して福島の仲間とともに僅かではありますがご恩返しができたことは、私がＰＴＡ活動に携わった最大の喜びであり、少しばかり誇らしく思うところです。

第11節

PTA活動を通じて成長した私

静岡県 男性
48歳 長谷川 竜一

1 PTA活動と出会い

今から七年前、長男が小学校六年生だったときにＰＴＡ副会長を務めたのがきっかけで、次男が中学に在学していたときに二年、副会長と会長を務めました。私は、高校で理科を教える教員です。たくさんの人の前で話すことは、それほど苦ではありませんでしたが、役員会の運営は少し苦労しました。先生の立場も理解しつつ、保護者の目線で活動を進めようと、中立的な立場で発言をしたり、行事を考えたりするように気を付けました。

2 活動で出合った方々から学んだこと

多くの方がそうであるように、私も職場以外の人と接する機会は、あまりありませんでした。また、土日も勤務校の部活動指導に追われて時間に余裕がなく、子どもの学校行事に出ることもほとんどありませんでした。

ＰＴＡ活動で知り合った多くの方々に、共通していることがあります。それは、自分の子どもをとても肯定的に見ていることです。そして、子どもの友だちのことも、よく知っています。

ＰＴＡ役員の方々は、よく学校にいる友だちのお父さん、お母さんとして子どもたちに知られていて、人気があります。子どもたちも、よくあいさつをしてくれます。

仕事をやりくりしてＰＴＡ活動に参加するようになると、思った以上に、「時間はつくれるもの」だと感じます。

運動会に参加しても、部活動を応援にいっても、必ず知り合いと会います。地域の祭りや社会体育の場でも、子どもの話で盛り上がります。そこで、改めて私の子どものことをよく知っている方が多いことに驚かされます。

3 PTAの今後を考える（お礼）

私が、ＰＴＡ活動を通じて強く思ったことが二つあります。一つ目は、「ＰＴＡ活動は自分の子育てを見直す場になること。」そして二つ目は、「学校や地域が好きになること。」です。

私が暮らす地域は、農業が盛んで昔ながらの家が多く、祖父や父の代から、「歳をとれば地域の役を務め、子どもが学校にいる間はＰＴＡや子ども会の役員が回ってくる。」という雰囲気があります。ＰＴＡ役員は、「避けては通れないこと。」だと思ってきました。しかし、都市部では核家族化が進み、自治会や子ども会な

静岡県地区Ｐのみなさん
平成二十九年八月　群馬県

どの地域の人のつながりが希薄になり、消防団も人材不足に悩んでいます。学校現場で、ＰＴＡという組織の在り方が問題になるのも仕方がないことでしょう。

学校は、地域の子どもたちが日々育っている場です。私たちは子育ての責任者として、地域の思いや保護者の考えを学校に伝え、協同して子どもを育てる義務があります。入学式や運動会でビデオを撮ったり、授業参観を観にいったりするだけでは、協同しているとは言えません。

時代の流れのなかで、各校でＰＴＡの在り方は見直す必要があるかもしれません。しかし、保護者が学校に参画する場は必要です。また、子どもたちの学校生活を応援する協力金は、すべての保護者が等しく出すべきです。

ＰＴＡについて真剣に考えるようになったきっかけは、活動を通じて多くの方と知り合えたからです。私を育ててくださった皆様に心からお礼を申し上げます。そして、新たにＰＴＡに加わる方のご活躍を、心から期待しています。

第12節

PTA活動に携わって

大阪府―女性
大田　里花

私が初めてPTA活動に携わったのは、長男が公立幼稚園に入園した十三年前からです。幼稚園のPTAは本当にすることが多くとても大変でしたが、運動会やお遊戯会のお手伝いをして、子どもたちの楽しそうでキラキラした顔を間近でみられたことが、この先もPTA活動をしていくきっかけになったのではと感じています。

小学校のPTA活動は、広報委員と副会長をさせていただきました。子ども一人につき一回はPTA活動に参加すると心に決めていた私は、広報委員を選びました。広報委員を選んだ理由は、写真を撮ることや、子どもたちの行事など、間近で接する機会が多いのではないかと感じていたからです。小学校での広報委員は一年生から六年生までの保護者二十四名の方々と、年間二回の新聞を発行する作業をみんなで協力し活動してきました。なかにはお仕事や、子どもの体調不良などで突然来られなくなる方もいましたが、委員長や副委員長のご尽力で、新聞を発行できたときは、とても嬉しかったことを思い出します。一年生から六年生という学年の幅の広さのお陰で、いろいろな方と知り合え、なかにはその後の中学校でも一緒にＰＴＡ活動をしていく方にも出会えることができました。

広報委員をしていた私は、幼稚園のＰＴＡで一緒に役員をしていた方から「本部の役員手伝ってもらえないかな」と声をかけられました。私の印象として、本部はもっと偉い方がやるのではと感じており、最初断っていました。ですが、声をかけていただいた方に「私も偉くないし、みんな子どもの親が協力しているだけだから、誰でもできるよ」と言われ、お手伝いすることにしました。本部の役員の役職は、会長を男性とし、副会長・会計・書記は女性一名ずつと決まっていました。本部の活動は、これまでお互いの仕事には干渉せず、助け合わず、任期が二年あるというひどい内容でした。実際に小学校の本部の仕事量の多さや、部会や保護者たちの苦情を聞いて体調を崩してしまう方、それらによって仕事を辞める方までいました。私を誘った方はそんななか、『一年やってきたけどこのま

までは ダメだ、変えないと』と考え、役員人数を増やし、協力してできるようにし、規約も一部変え、本部の役員をすれば子ども一人につき一回の活動ではなく、免除もできるようにしてくれました。また、他の部会の方たちとも協力して、一番大変な運動会の席決めや、自転車整理の仕事を、みんなですることとしてくれました。お陰で、私が本部役員のときは辛いやしんどいとは感じず、楽しみながら役員をすることができました。それからは、本部役員には免除があるということもあり、立候補で役員が決まっていき、毎年いろいろな問題はありますが、協力し合ってできています。協力し合えた方とは、本当に仲良くなれてやってよかったと前向きな本部に変わりました。小学校の本部をしていたときは、助け合ったのは保護者だけでなく、忙しいなか学校の校長先生や各学年の先生方にも助けていただきました。先生方ともお話をする機会が増え、先生方の考えもわかり貴重な時間を過ごすことができました。

六年前、三男が小学校に入学したとき、私と離れたくないと毎朝大泣きするので、地域の方たちのボランティアで「見守り隊」が結成されていたのを思い出し、オレンジのベストと黄色い旗の一式をいただいて、「見守り隊」として三男の登下校についていくことにしました。そして、泣かずに行けるようになったころ、「ママ、もう大丈夫」と言われましたが、近所の子や名前の知らない子に挨拶することが、すごく楽しくなってしまい、小学校を卒業してしまった今でも、犬の散歩をしながら「見守り隊」をしています。見守り活動もＰＴＡ活動もたくさんの人たちと知り合え、助け合い、私はやっていて本当によかったと思っています。ＰＴＡには批判的な考えの保護者の方もいますが、一度やってみてもらえたらなぁと思っています。

第13節

「やってよかったPTA」いえいえ「あってよかったPTA」

仙台市 一男性
佐藤　悦雄

私がまだ学校の教員をしていたころのことです。

平成十年に文部省（当時）の「生涯学習審議会中間報告」が出され、それに掲載されていた子どもに関する調査結果に衝撃を受けました。生活経験が豊富な子ども、自然体験が豊富な子どもほど、正義感が強く道徳観も身についているという内容で、この調査結果を見たとき、子どもたちの将来に対して非常な危機感を抱いたものです。学校では、日々の教科学習に忙しく、自然体験を豊富にとか生活体験を多くなどと口をはさむ隙間もない状況でした。

そこで登場したのがＰＴＡ。学校のよき理解者、心強い支援者はＰＴＡのほかにありません。ＰＴＡの役員会の場で、これまでの経緯を踏まえ「子どもたちに自然体験や生活体験をもっとさせたいのだが」と話したところ、授業時間をつぶすわけにもいかないので、PTAが主体となって子どもたちに体験の場を作っていきましょうと話がまとまりました。これからの子どもたちのことをきちんと話せば、ちゃんと受け止めてくれる人たちがいたことに心から感謝しました。

まず、はじめに行ったのは近くの自然公園を会場にした「秘密基地づくり」。段ボールを組み立ててグループで秘密基地を作り、子どもたち自身が食事を作って秘密基地に泊まるという催しです。八十人を超える申し込みがあり、思い思いの基地づくりに汗を流しました。

翌年からは、PTAばかりでなく、町内会や市民センター（公民館）、児童館など地域の団体も一緒になって組織的に子どもたちの体験活動を支援できるようになりました。翌年度は、「秘密基地づくり」に高校の調理科の生徒たちが食事作りの指導に入ったり、地域の方々が防災倉庫から大なべを出し、炊き出し訓練をしながら非常食づくりを指導してくれたりしました。そのほかにも、「親子遠足」や「地域の七夕飾りつくり」、空き地を借りての「野菜作り」など、子どもたちの体験の場はどんどん広がっていきました。

自然体験、社会体験など様々な体験活動の場が身近にできるようになり、子どもたちが楽しみながら経験を広げることができるようになったことには大きな意味があるように思います。

そして、このような学校とＰＴＡのつながりから、学校の授業に、ボランティアとしてＰＴＡの方々にはいっていただくことができるようになりました。

ＰＴＡと学校との距離が近くなって、学校の実情をＰＴＡがよく理解しているということは大変ありがたいことです。初めは、職員が朝の打合せをしている間に、子どもたちに読み聞かせをしていただいていたのですが、それが次第に家庭科実習のミシンボランティアに発展し、さらには、お掃除時間の見守りボランティアまでしていただくようになりました。

当時は「開かれた学校づくり」をしようとした矢先に小学校へ不審者が侵入しての児童殺傷事件があり、子どもたちを不審者から守るということに躍起になっていました。そのようななかで、ＰＴＡの顔見知りの方々がボランティアとして学校内にうろうろしているということは、安全極まりない状況といえました。

教職にいたものとしては、ＰＴＡの存在がどれほどありがたいことだったか言い表せないほどです。子どもに少しでも良い環境を与えたいという思いが一緒なのだと思いながらも、ＰＴＡの方々の力強さに脱帽です。

今、ＰＴＡについていろいろと議論のあるところですが、学校にいた私にとっては、常に子どもの幸せや健やかな成長を考え、いつも同じ方向を向いてくれる素晴らしいパートナーであることは間違いのないことです。

これからもＰＴＡの方々の大いなる活躍を期待しております。

第14節

辛かった活動の経験
そして悔恨と喜び

東京都　女性
50代　根本　順子

私は、夫と息子の三人家族です。今では当たり前になっている共稼ぎなので子育ても必然的に周りの人や施設に助けていただくことなります。

私達家族が暮している のは東京都大田区、県境で近くには多摩川があり、渡れば神奈川県になります。羽田空港が近く、空・陸共に交通の便の良い所です。

大田区には「保育ママ」という制度があります。区の認定を受けた保育ママの自宅等で家庭的な環境と愛情のなかで子どもたちを育てることを目的とした、私のような働く親を助けてくれる制度です。

最初はそのような制度が有るとは私も知りませんでした。

保育園に入ることができず区役所の方に教えて貰い利用をしました。それから現在に至るまで、わが子同様に接してくれた皆さんの姿から教わったことは私の支えになっています。今、核家族が割合の多くを占め、誰もが自分や自分の家庭のことで手一杯ななか、子育ても育児本が先生であったり、正解が見えず、悩みがあっても話を聞ける人が少なかったりするのが現実です。子どもに「人には優しくしようね」とか「友だちと仲良くね」等と話す一方で、私たち大人が、本当のところは背を向けているのではないかと感じます。

1　小学校での辛い活動

子どもが小学校に上がり不安や心配を親子で感じつつも、この先の楽しい未来を想い、期待に胸を膨らませているわが子に応えたいと思うと、決して一人ではできないと感じることが、たくさん見えてきます。そんなわが子への想いからPTAの委員会を引き受けました。公立の学校なので町内・地域での活動が深く広くなっていきました。

主人は「よくやるよね」と関心が薄く、自分だけが大変になった気になり後悔もしました。

委員を経験した他の保護者も「ポイント制だしやっておかないと」と話して「ク

ジで」みたいな方もいました。

私が入ったのは「学年委員」。ベルマークの集計や茶話会の準備、ＰＴＡ会費の収集等をしましたが、各学年・クラスから選出された方は初めて会う人も多く、人の輪に入ることが苦手だと孤立したり、作業の手順もわからずなかなか進まなかったり、委員の意義が感じられないうえに辛い場所と感じる方が多かったことを思い出します。

そうなると、仕事のやり繰りをしてまで委員をやることは損だという空気が蔓延しました。

2 中学校で変化をもたらした方

変化をもたらしたのは、子どもが中学に進学して最初はポイントのために仕方なくやることになった委員で出会った一人の方でした。今度は「広報」でしたが、広報誌を作成するなかで、様々な行事に取材と称して参加することになったときに「一緒に頑張りましょうね」と皆さんに声をかけている役員の方がいました。「楽しみましょう」とも言われ、他の父母の方ともコミュニケーションが取れてくると、これまで知らなかった校内の話や校外の危険と言われる場所を知ったりと、初めて大人が子どもを守っている実感を得ることができました。

私の小さな活動が、大切な家族を守ることにつながる喜びは、ＰＴＡ活動への考えを変えてくれました。

小学校のころには戻れませんが、あの空気を自分で変えるべきだったのではと思います。

中学校のＰＴＡでの経験から、その後の高校では委員から役員と経験して最後はＰＴＡ会長までさせていただきました。一人一人ができることを少しずつをモットーに、たくさんの方に理解していただき、つながりを大切にしてきました。

小学生や中学生のお子さんがいる方々にとって、ＰＴＡが「早い時期に人とのつながりをもてる」きっかけになれば嬉しいと思っています。

子育てが一段落した今、小学校からのＰＴＡの経験が、私を成長させてくれたことに感謝しています。なにより息子と主人からの「ご苦労様」は、やって良かったと思える言葉でした。

第15節

教養委員会委員長を務めて

福井県 ― 女性
45歳 佐々木　英江

1 地域の概要

福井市は福井県の県都であり、ＪＲ福井駅を中心に商業・行政機能などの中核機能が集積しています。一方で、市の西方は美しい越前海岸を望み、東方は緑豊かな山間地に囲まれるなど、自然環境にも恵まれたところです。人口は約二十六万人、世帯数は約十万三千世帯と、全国のなかでも三世代同居率が高いものの、近年、親世帯と子世帯の別居や独居世帯が増加するなど家族のあり方や地域のあり方が変わってきています。

今回ご紹介します中学校は、ＪＲ福井駅より東部二キロ圏内に位置し、学校区は旭地区、日之出地区、和田地区の三地区から成り立ち、人口約二万四千五百人、世帯数約一万四百世帯の街にあります。

2　PTA組織

平成二十九年度に開校七十一年を迎えた、市内でも最も歴史のある中学校の一校になります。PTA会員数は約四百七十名になります。PTAは役員会と常任委員会、学級委員会で構成され、それぞれのPTA活動を行っています。

3　突然の電話から

一月半ばを過ぎたころ、普段からお付き合いしているママ友から電話が入りました。

いつものようにランチのお誘いかと思い電話に出ると、PTA役員のお誘いの内容です。しかも、向こうの電話口の横には次年度会長予定の方もご一緒にいる様子で、そのような中で友人も申し訳なさそうに、私に教養委員会委員長を勧めてきました。その場での即答は避け一日友人の思いなどを考え、教養がない私がどんなお手伝いができるのだろうかと不安もありました。このとき、子どもが中

＜中学校ＰＴＡ組織図＞

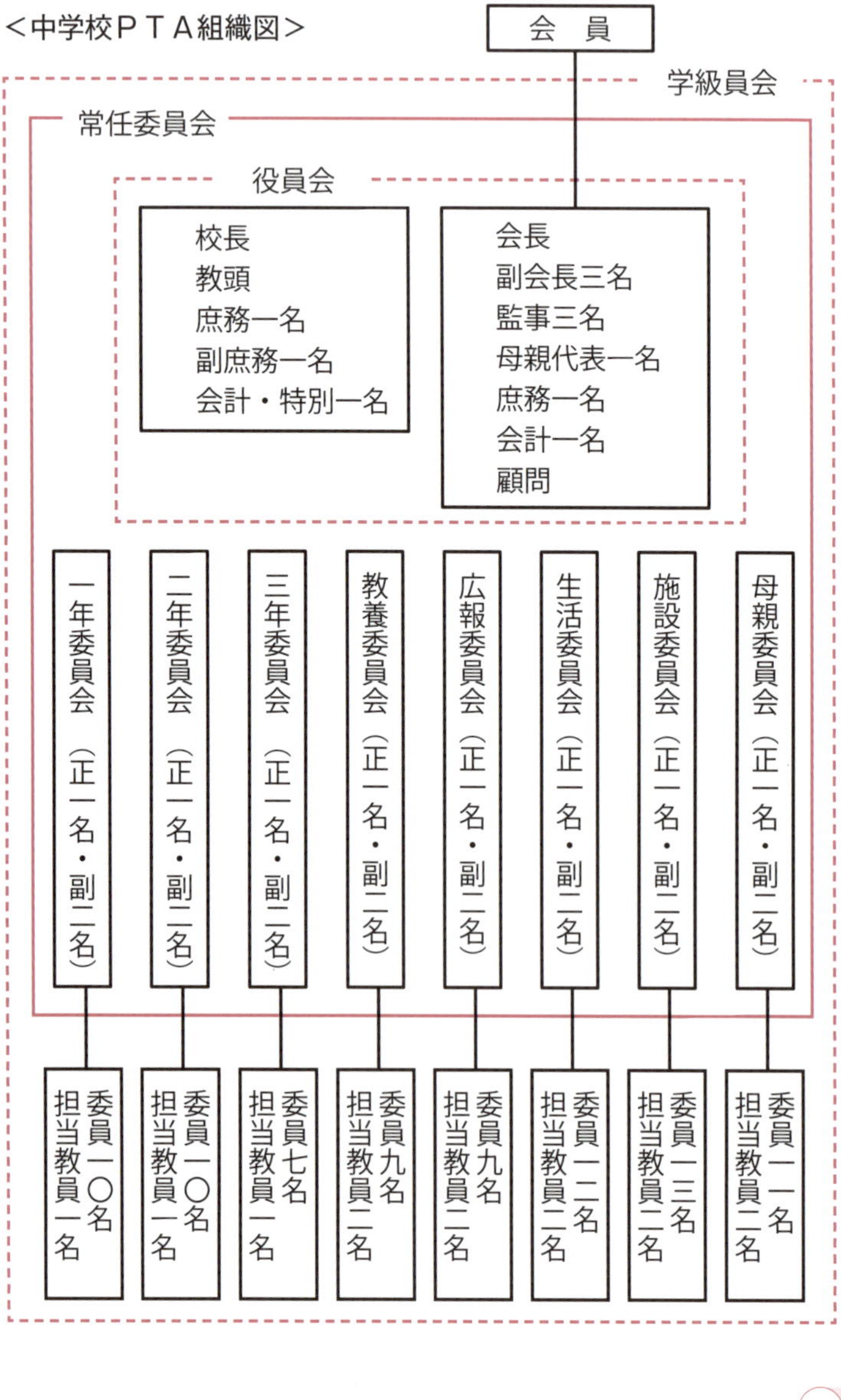

会　員
学級員会
常任委員会
役員会
校長
教頭
庶務一名
副庶務一名
会計・特別一名
会長
副会長三名
監事三名
母親代表一名
庶務一名
会計一名
顧問
一年委員会（正一名・副二名）
二年委員会（正一名・副二名）
三年委員会（正一名・副二名）
教養委員会（正一名・副二名）
広報委員会（正一名・副二名）
生活委員会（正一名・副二名）
施設委員会（正一名・副二名）
母親委員会（正一名・副二名）
委員一〇名
担当教員一名
委員一〇名
担当教員一名
委員七名
担当教員一名
委員九名
担当教員二名
委員九名
担当教員二名
委員一二名
担当教員二名
委員一三名
担当教員二名
委員一一名
担当教員二名

学二年生だったのでPTA会員でいられるのもあと二年しかないことと、思春期真っ只中の反抗期の息子からは、学校の様子もわからないこともあり、これはチャンスか！　と思うと期間限定会員の最後のお手伝いをさせていただく、委員長の承諾の返事をしました。

4 教養委員会活動について

専門委員会としての教養委員会は、「会員相互の教養の向上を図り、教育の理解を深めるのに必要な事業を行うと共に生徒の福祉増進と会員相互の親睦に関する事業を行う。」と位置付けられて、平成二十八年度まで、生徒、保護者や地域の方を対象に主に講演会を行ってきました。平成二十九年度は、PTA主催の教育講演会として企画・運営をしていくことになりました。教養委員会正・副委員長三名と委員九名、担当教員二名、担当役員二名の計十六名で教養委員会がスタートしました。

5 企画・運営を話し合うことから見えてきたもの

第一回目の委員会では、私は緊張してピーンと張りつめたような重い空気を醸し出していたことを今でも忘れません。委員全員が揃いませんでしたが、自己紹介をしていくと二年生在籍の子どもがいる委員が九名、三年生在籍の子どもがいる委員が五名と、思春期に入り親の言うことに反抗的になっているという悩みをもっている世代の委員さんたち、私と同じようなお母さんがいることを知りました。「イライラとしている様子の子どもに対してどのような対応をしていいのか？」「ゲームを辞めさせたいがスムーズに辞めさせられる声かけとは？」。子育てに関して悩んでいる声が多数上がり、話し合いの時間もあっという間に過ぎてしまいました。委員会を重ねていくと、悩んでいても言えないお母さんや、反抗期をストレスに感じているお母さんがいても当たり前、だから一人でも多く保護者や孫育てをしている祖父母世代の方まで、子どもとのかかわり方のポイントをみんなで学んだらどうだろう、ということになりました。講演会テーマは「楽しく学ぶ！　思春期の子どもとのコミュニケーションのとり方」に決まりました。これは、委員会が一丸となった証です。お互いがよく知らないながらも準備を進めていましたが、二回目からはプライベートでの話もしながら話に花が咲き盛り上がり、賑やかな委員会になっていました。

6 企画・運営を通して

委員に委嘱されても、夜の委員会には出席できない委員もいれば、講演会当日しかお手伝いできない委員と、全員が揃うことはありませんでしたが、そこはお互いに連絡をしながら情報を共有して、引き継ぎができ講演会の運営もスムーズに行き無事講演会も終えることができました。教養や知識にはご縁のない私が、教養委員会という名前のプレッシャーを人一倍感じながら委員長をさせていただきました。委員さんのなかには三年に一度の役回りと義務で来られた委員さんもいました。委員会に委嘱されたきっかけは、人それぞれ違いました。中学生になると学校に足を運ぶ回数も少ないため、なかなか他の保護者の方とも話す機会も少ないなかで、一年間一緒に活動していく仲間として出会った皆さんのおかげで共に「親育て」「子育て」につながる一歩を踏み出すきっかけができたこと、心から感謝いたします。最後には「楽しかったね！」がＰＴＡの合言葉になる活動に今後も取り組んでいきたいです。

第16節

人権同和部を通して学んだ人権とは

和歌山県｜女性
47歳　徳重　亜喜代

1 活動を始めるきっかけ

私は、和歌山の中学校で三年間、人権同和部部長を務めさせていただきました。きっかけは小学校でもＰＴＡ活動を積極的にされていた保護者の方からのお声かけでした。小学校では生徒数が少ないため何度か役員になったことがあったものの、中学校では学校行事に参加することも少なくなっていました。そのため必然的に保護者同士、先生方との交流も少なくなっていることに気づいてはいましたが、住んでいる地域の歴史に詳しくもない自分に務まるのかという不安な気持ちもありました。

私には二人の子どもがおります。お声かけいただいた当時、長男は三年生、次男は一年生でお世話になっていました。

長男は一年生のころから生徒会活動をしており二年生の三学期からは生徒会長として活動していましたので、親としてできることだけでもやってみようと思ったのが、お引き受けする最大の理由となりました。

2 人権同和部での三年間

人権同和部の一年間の活動としましては、地域の人権同和教育推進団体連絡協議会総会への参加、和歌山市人権講座への参加や他校との人権同和教育を通じての研修交流会への参加、担当の先生方から保護者への模擬授業開催などがあります。他にも先生方や育友会本部役員の方々と一緒に季節行事や登校時の巡視活動もさせていただきました。

一年目はわからないことも多く、その都度確認したり教わりながら何とかこなす感じでした。二年目になってからは、せっかくの機会なので楽しみながら活動することを自分自身の目標とし、中学校主催で講演会をやってみることを提案してみたところ、先生方や育友会本部役員の方々のご尽力のおかげで実現に至りました。

講演会には講師に和歌山県海南市在住のいのちの講演家、岩崎順子さんをお招きしました。岩崎さんご自身は、幼い三人の子どもを残し、がんのご主人を自宅で看取られたご経験から、日本全国に足を運び講演されている方です。講演回数は九〇〇回を超えています。

講演内容としては、子ども、親子、高齢者、人権、心、生と死、生きる力、認知症の向こう側にある心、災害を通しての絆についてなど様々ですが、『97歳のおじいちゃんも昔は赤ちゃん』というテーマでお話いただきました。

一人のいのちは両親、またその両親から受け継がれつながっているものであること、途中クイズなども交えながら、笑いあり涙ありの温かい講演会となったことが昨日のように思い出されます。

三年目は仕事の都合で参加できないことも多々ありましたが、その都度先生方や役員の方々、部員さんたちが助けてくださったおかげで、何とか次男が卒業するまでの三年間続けられたのだと思っています。

そんな三年間のなかで私が改めて感じた人権とは、『その人がその人らしくいのちを輝かせて生きること、そこには子どもも大人も関係なく、誰もが大切な尊いいのちを全うする権利があること』ではないかと思っています。

微力ではありましたが子どもたちがいるおかげで貴重な役割をいただき親として成長できたこと、先生方や育友会の役員の方々、地域の方々を身近に感じつながりができたことは、宝物だと思っています。

最後になりましたが、地域の皆様始め先生方、育友会役員の皆様、ご講演いただきました講師の岩崎順子様に改めて感謝申し上げます。

第17節

同じ運なら貝殻節で

鳥取県　男性
安部　泰己

1 不本意ながら引き受けた役員

昔、自身が小学生のころ、親が「ＰＴＡの会合」と言って夜な夜な学校に向かっていました。子ども心に「ＰＴＡってなんだろう。もしかして、自分のしでかしたことが原因で先生と話し合いになっているのだろうか。」と案じて、次の日の朝、何か言われやしないかとビクビクしていました。そうこうしているうちに学年も大きくなると、ＰＴＡ広報紙に使用されている漢字も読めるようになり、ＰＴＡの活動もなんとなく理解できるようになりました。ＴＶで見る金八先生の放送のなかでも、あまりＰＴＡの広報紙作製の打合せ場面などはなく、校長室に会長、副会長が並んでいざこざに顔を出しては大騒ぎしている様子が映し出されていました。

時間は進み、いざ自分が保護者となりＰＴＡの活動のやらなければならないこととなると、妻の名前を盾にして、会合には業務多忙を言い訳に学校には近づかないよう努力をしていました。居住エリアからのＰＴＡ役員選出時に先輩からいただいた「おい、たのむでぇ。」の一声も一度目は拒絶していました。しかし、二度目にたのまれた時の先輩の顔つきから雰囲気を察して、役員を仰せつかることになりました。

2　ＰＴＡ活動の利点

当初は、拒否反応が表情に出ていたと思われるのですが、学校に行く回数が増えると人は慣れてくるもんだなぁと、自分自身で実感して役目をこなすことができました。

そのなかでＰＴＡ活動でやってよかった利点は、

・先生と会話ができる

・ビジネスにも活きる

ではないかと感じています。

☆　先生と会話ができる

私の学生時代は、先生との距離感はすごくありましたので、役員となった当初はＰＴＡ活動で先生方との話し合いの場面ではとても緊張していました。しかし、時間がたつに連れて先生方の顔を覚えてくると、合間あいまに雑談ができる関係となり、同い年の子をもつ親としての話なんかができたりしてきました。先生も人の子であり、同じ悩みをもつ保護者なんだなぁと、自分は家で保護者としての義務は妻に押し付けているのに、妙に感心することができました。

また、学生時分には、先生は生徒のことは叱るばかりと思っていたのですが、現代の先生は理論的に諭す（叱るではありません）ことが見えてきました。学習内容も、ＩＴ機器を駆使した授業が繰り広げられ、びっくりするほど進化していますが、実際は人と人とのつながりを重視した授業を行いたいなどの発言を酒の席で聞けば、とても応援したくなる程でした。

たぶん、役員をしなければこういった話を先生から聞くことはなく、大変有意義な体験をすることができました。

☆　ビジネスにも活きる

ＰＴＡ活動では保護者との折衝もかなりあります。総会を源として、各種役員会、部会、懇談会など多種多様な会が催されます。ここでは、保護者のいろいろな意見を聞くことができますし、役員としては一定の方向にまとめなくてはなりません。時には、キツイ意見も出てきますが、この様なときには、サイレント・マジョリティ（欅坂46も歌っていました）方の考えている方向性を見極めながら、会の収拾をはかります。なんか、職場でも同じことをやっているような気になります。

これは、職場における研修の一環だと割り切り、この場面をどう収めるのか、はては次回に延長戦をするのかなどと考えながら会を進行していくことは、自分の仕事に大きく貢献する経験と考えています。また、仕事以外で関係する方々とは違う考え方を吸収できることは大変有意義なことでした。

2 貝殻節の精神で

以上のようなことを踏まえて、ＰＴＡ活動を満喫してきたと思っています。くじ引きで敗れるのも運ですが、当たってしまったなら、同じ運なら「貝殻節」です。歌詞を途中まで紹介し終わります。

何の因果《いんが》で　貝殻《かいがら》漕《こ》ぎなろうた
カワイヤノー　カワイヤノ
色は黒うなる　身はやせる
ヤサホーエヤ　ホーエヤエー
ヨイヤサノ　サッサ
ヤンサノエー　ヨイヤサノ　サッサ

戻る舟路《ふなじ》にゃ　櫓櫂《ろかい》が勇む
カワイヤノー　カワイヤノ

いとし妻子《つまこ》が　待つほどに
ヤサホーエヤ　ホーエヤエー
ヨイヤサノ　サッサ
ヤンサノエー　ヨイヤサノ　サッサ

第18節

情けは人の為ならず

高知県　男性
40歳　仲村　貴介

1 PTA活動を始めたきっかけ

このタイトルの言葉こそが今の自分を表しているのではないかと思います。思い返せばボランティアという気持ちは最初だけで、以降は子どもらをいかに楽しませるか、そして自分自身がどれだけ活動を楽しむかを考えてきました。そしてその積み重ねが全て自分の糧になってきました。

きっかけは転職により地元で仕事を始めたことでした。長男が保育園に入園すると、夕涼み会などのスタッフとして保護者が頑張っている姿を見ていました。しかし、間もなくそのスタッフの側となっていました。そして主体的に行動するということに面白さを感じました。ある年には、会長が「おやじ会」を発足。一年目は飲み会だけでしたが、二年目にはデイキャンプやミニ運動会も実施しました。またオリジナルTシャツを着ることで、意識が高まり一体感が生まれました。

2 小・中学校での活動

小学校でもできるだけ行事には参加し、懇親会もほぼ出席しました。なかでも思い出深いのが、児童交流をしている北海道滝上町へ、PTA代表として五年生と共に行ったことです。三日間子どもたちと冬の北海道を楽しみました。交流のなかで子どもを引率する先生方の大変さを知ることができました。滝上町のPTAとの懇親も深まり、社員旅行でも再訪するなど交流が活発になりました。

長男も中学生となり、私も活動のメインを中学校に移しました。昨年は幸か不幸かPTA関連の役が重なり、慌ただしい年となりました。日本PTA四国ブロック大会の実行委員もその役の一つだったのですが、お酒の国高知県としては大会前夜のレセプションを盛り上げなければ、という機運が高まっていました。

そこで提案されたのが男性役員による「ベリーダンス」でした。「本当にやるの」と皆に呆れられ迷いもしましたが、開催一月前には講師の先生を呼んで練習を始めました。衣装も揃えて、当日は自分たちで化粧をして舞台に立ちました。エスニックな音楽が流れ、私達五人のオヤジダンサーはスポットライトを浴びながら妖艶に舞います。いや妖怪が迷っている、といったほうが良かったのかもしれません。とにかく、笑いが取れたことで一同胸を撫で下ろしました。

しかもこのベリーダンス部、留まることを知らず、県内の地区PTA研修大会の懇親会で二回、民間企業のパーティーでも公演を行いました。人前で故意に恥をかくという行為はなかなかできないことなので、良い経験になりました。また、これを機に親交も深まり、メンバーで温泉旅行に行ったりもしました。

3 活動ができるのは家族のおかげ

こういったPTA活動にかかわることにより、自ずと地域活動にも積極的に参加するようになりました。地域にかかわるようになると、そこにある課題がわかりやすくなります。行政から声がかかるようになり、教育行政に関連すること、社会的な組織、行事や新しい取組などに参加することによって意見が反映される機会が多くなりました。

活動には参加したいが、仕事などでできないということは往々にしてあると思います。

勤務先の理解と、自己を犠牲にする覚悟も少し必要です。私の場合、昼は仕事で集会は夜が多く、その後には高知特有の「おきゃく」という懇親会があることも多いです。子どものためと言いながら、わが家にはほぼ不在という生活により、家族にも大きな犠牲を払ってもらっている事実を忘れてはなりません。

家族のおかげで、精一杯の活動ができています。特に子どもという存在が作ってくれた私という人格がＰＴＡ・地域活動を通して少しずつ経験値を上げ、たくさんの方々との交流を通して、信用され信頼を受けることは本当にありがたいことです。

今後もＰＴＡ活動や地域活動に参加し、ときには推進する側として子どもだけでなく社会の役に立つ存在でありたいと思います。

第19節

PTAっていらない？

福岡市　女性
坂田　美和子

1 「PTAっていらないのか？」が活動の始まりに

「PTAっていらなくない？」隣から聞こえて来た言葉に驚きながらも、それまで必要かどうかなんて考える視点が一切なかった私は「いらないかも…」と思いました。しかし、そんな「PTAっていらないのか？」が私の活動の始まりでした。

早速、動員の要請があり、仕事をしていない私は「仕方ないな…」という気持ちで帰りのランチだけを楽しみに動員要請に応えました。そのときの研修会は夢のなか。当然、内容もわかりません。研修会後は美味しい物を囲んで弾むおしゃべりに楽しいひと時を過ごし、有意義だったと感じる一日を過ごしました。私の頭にはやっぱり「PTAはいらないのかも？」がありました。

私は、どうせやるなら仕方なくではなく自ら楽しくやりたいという考えと、あまり目立ちたくないという思いを持ち合わせていました。じゃんけんで負けてやるくらいなら手を挙げよう。しかし目立ちたくはないので消極的に。やはり続く「ＰＴＡはいらないのかも？」の思いです。

そんなとき、「子育て」は「こそだて」と読みますが「己育て」の「こそだて」でもあると言った人がいて私はまたびっくりです。何だそれ？　ＰＴＡって子どもや学校のためじゃないの？　と疑問だらけです。

それからというもの、私は自分のなかに芽生えた疑問の答え探しで、研修会も何のため？　目的は？　と考えながら夢の国へ行かないようにしてみました。すると私が聞いていなかっただけで、主催者の方はちゃんと目的を毎回伝えていらっしゃったんです。そして、目的がはっきりわかって聞く講話はどれも有意義で、毎回一つは持ち帰るお土産がありました。少し能動的に活動してみると、その分だけ有意義なことがあり景色が違って見えました。

2 降りかかった試練、そのとき…

そんな活動を数年続けた私に試練がやってきました。まずは、あんなに可愛くて仕方がなかった娘が扱いにくい娘に変身しかけていたのです。反抗的な態度に憎たらしい言いぐさの数々。そんな場面に遭遇し、私はイラッとした瞬間に思い出したのです。研修で講師の先生に言われた言葉を。先生を信じて腹が立つ気持ちを抑え、言われたことを忠実にやってみました。えっと…まずは同調すること。できなければ娘の言うことをおうむ返し。すると娘に変化が。一通りの反抗的な態度の後で勝手に反省を始めました。あれれ？　いつもの娘と違うぞ…。そしてバツが悪そうに謝るではないですか。講演会で聞いたことは即効き目があり、これにはびっくりでした。

次の試練は娘が当事者で娘が壁にぶち当たります。子どもが苦しんでいるときって親は変わってやりたいくらい、見ているのは辛く手を差し伸べたくなりますよね。しかし、そこで一緒に一喜一憂せず、少しゆとりをもって構えている自分がいました。そして、かける言葉が今までと違う自分。こんな風な立ち居振る舞いができるゆとりはどこから来るのか？　それはＰＴＡ活動でした。講演会等で見聞きしたことからの学びと、困ったときは相談できる諸先生方との信頼関係が、私に安心感をもたらし心の余裕になっていたのです。この二つがいつの間にか構築できていたＰＴＡ活動に感謝でいっぱいの私は「ＰＴＡっていらないのか？」の答えも出ていました。

ＰＴＡ活動中はこんな良いことばかりで、困ったこと、苦手だったことがなかった訳ではありません。けれど、かけがえのない友人が幅広くできたこと、人として大きな学びがあったことは活動のお陰です。人生一〇〇年時代と言われる今日、まだまだ折り返し地点にも届いていない私ですが、大人になると学べる環境は減ります。ＰＴＡはその目的に掲げられている通り、私にとってはこれからを生き抜くための大きな出会いの場となり、明らかに私たち親子それぞれの人生が変わったと感じています。皆さんも自分のために一歩だけ能動的な気持ちで活動に取り組んでみませんか？

娘は現在大学生。しっかりと自分の個性を生かして自分色の人生をとても有意義にエンジョイしています。そんな娘の傍らで、ＰＴＡ活動のお陰だなと微笑んでいる私がいます。

第20節

参加してよかった異業種交流会

愛知県　男性
50代　安藤　雅行

1 PTAは異業種交流会

校長は「こんな生徒に育って欲しい」「こんな学校にしたい」という目標を掲げ、学校として進むべき方向性を示すことをします。そのために、生徒の状況や保護者の願い、地域の要請、教職員の現状を踏まえたうえで、予算の確保や外部機関との連携を考えます。そして、学校として「誰が」「何を」「いつまでに行う」という工程表を共有し、役割分担のうえ実行した後に振り返り、必要に応じて修正し、よりよい対応を模索していきます。つまり、校長の仕事は「正しく機能するように学校組織を経営すること」といえます。

管理職になり、ＰＴＡ活動に参加する機会を得たとき、会長や副会長の皆さんのなかには、様々な業種の経営に携わる方々が大勢いらっしゃることに気付きました。会長の方々は、組織の経営者として教頭や校長の先輩です。日々、目標を達成するために部下に働き掛け、働くことにまだ不慣れな若者達には「働きがいのある会社」の姿を、出資者には納得していただける事業計画を示す、多忙な日々を過ごしていらっしゃる方々です。学校という小さな社会では経験できないような、様々な経験談を皆さんより聞かせていただいています。校長となった今に至るまで、私にとってPTAは刺激を与えていただける素晴らしい「異業種交流会」です。

2　耳に痛い話ほどきちんと聞き、よくない話ほど早く詳しく伝える

ＰＴＡ活動における教頭の役割は、円滑な運営のための裏方です。団体旅行の添乗員の仕事に似ています。会議等の日程の連絡・調整や資料の作成、予算の管理等と仕事は多岐に渡りますが、最も重要なことは「情報の共有」だと考えます。

地域や保護者の方々が学校に電話を掛けるためには、大変なエネルギーが必要だと思います。それでも電話を掛けて下さるのは、「学校に電話をすれば、何と

かしてくれる」という期待の表れだと考えます。ところが、こちらが初期の対応を誤ると、ボタンの掛け違いが起きてしまいます。聞き手として、丁寧な傾聴姿勢を心掛け、主訴を正確に受け止め、客観的に状況を把握することを心掛けています。

しかし、悪い話ほど早く広まるものです。生徒がかかわる事件や事故が起きたときには、役員さんには事実をできる限り早く正確に伝えるよう、また、学校としての今後の方針も伝えるように心掛けています。事実が知らされない場合、人は憶測をします。最悪の場合には「学校は何か隠している」と言われてしまいます。ところが、役員さんに正確な情報があれば、対応は早くなります。周りの方に「その話は（学校から）聞いている」「（学校は）対処している」と言っていただけるからです。

3 星を投げる人

ここで、ローレン・アイズリー作『星を投げる人』を引用します。

あるところに、年をとった男の人がいました。その人は 毎朝海岸を散歩していました。ある日、いつものように海岸に出かけると、少年が一人、何かを拾っては、海に向かって投げています。

「おはよう、何をしているんだね。」

「ヒトデを海に投げてるんだ。今は引き潮で、おまけに太陽がギラギラ照りつけているから、海に戻してやらないと死んでしまうもの。」

「でもね、君。ここは砂浜なんだよ。何キロも続いているし、一面、ヒトデだらけだ。すべてのヒトデを助けることはできないよ。だから、そんなことをしても足しにはならないだろう。」

少年はじっと聞いていましたが、再びヒトデを掴むと、にっこりしながら、海に投げました。

「でも、今投げたこのヒトデにとっては意味があるでしょ。」

私は、一見無駄で微力だと思えることでも、自分から行動する「自主」の気持ちをもつ子どもたちに育ってほしいという願いをもって、現在も学校教育にかかわっています。

第21節

できる時にできることを楽しく

山口県　女性
寶迫　美樹

私がＰＴＡ活動を通して一番良かったと思うことは、新しい仲間との出会いがあったこと、保護者同士のつながりができたことです。その仲間たちとともにたくさんのことを経験し、そこから多くのことを学んできました。そして、その仲間は子どもたちの成長をともに喜び合える素敵な仲間になり、子育ての悩みを気軽に話せる仲間になりました。うれしいことに今も新しい仲間が増えています。そんな仲間との出会いを私は心から感謝しています。そして、今でもその仲間とともに、子どもたちの笑顔が見たくて活動を続けています。

私が初めてＰＴＡ役員を経験したのは、現在中学校３年生の長女が小学校２年生の時です。広報部の部長を引き受けることになったのですが、長女が小学校に入学してからまだ一年しか経っておらず、小学校の様子もあまりわかっていない状態で役員を引き受けることにはもちろん不安もありましたし、とまどいもありました。しかし、広報部員として様々な学校行事や先生方への取材をさせていただくことで、学校での子どもたちの様子や、子どもたちがお世話になっている先生のことをたくさん知ることができました。これも、役員をやって良かったと思えることの一つです。役員を経験したことが学校のことを知るきっかけになり、学校への関心が高まったように思います。

小学校では広報部をはじめ、四年間ＰＴＡ役員として様々な活動をしてきました。活動の成果として皆さんにお伝えしたいのは、学校と保護者の連携が、ＰＴＡ活動の活性化につながっているということです。学校の様子を知ることで学校への理解が深まり、理解が深まることで学校と保護者の連携ができていきます。私たちは『できる時にできることを楽しく』をモットーに、とにかく楽しく活動できるように常に改善の視点を持ちながら、負担にならない活動を心がけています。その活動が子どもたちの笑顔につながり、学校や先生からの感謝の言葉につながり、やりがいにつながっています。やりがいを感じる活動、成果が見える活動は続いていくと私は思っています。

ＰＴＡ活動に正解はありません。それぞれの学校で課題も違うので、ほかと同じことをやってもうまくいくとは限りません。学校と保護者のそれぞれに理解を深めながら、お互いが同じ目的に向かって同じ方向に進んでいくことがＰＴＡ活動の活性化には欠かせないと思います。これもまた、私が活動を通して学んだことで、これからも楽しく活動を続けていくために大切なことの一つだと考えています。今年度は中学校でも役員を引き受け、小学校のＰＴＡ役員で学んだことを生かしながら、できることを楽しく活動しています。

私は、子どもたちとともに自分自身も成長させてくれたＰＴＡ活動を、これからも続けていきたいと思っています。できる時にできることを楽しく、皆さんも一緒にやってみませんか？

すべてに感謝！
やってよかったPTA

令和４年２月23日　初版第２刷発行

著　作　公益社団法人日本PTA全国協議会
〒107-0052　東京都港区赤坂7-5-38
TEL 03-5545-7151
発行人　加藤　勝博
発行所　株式会社ジアース教育新社
〒101-0054　東京都千代田区神田錦町1-23宗保第２ビル５階
TEL 03-5282-7183　FAX 03-5282-7892
(http://www.kyoikushinsha.co.jp/)

表紙デザイン・DTP　株式会社 彩流工房
印刷・製本　株式会社　創新社
Printed in Japan

ISBN978-4-86371-487-8